Ansichten

eines

Aussätzigen

Gedichte für alle und keine

Ansichten eines Aussätzigen

Gedichte für alle und keinen

von Egzi Opporkapis

Hrsg. Thorsten Tüllmann

Impressum

Bibliografische Information der Deutschen Nationalbibliothek: Die Deutsche National-bibliothek verzeichnet diese Publikation in der Deutschen Nationalbibliografie; detaillier-te bibliografische Daten sind im Internet über dnb.dnb.de abrufbar.

© 2020 Thorsten Tüllmann

Herstellung und Verlag: BoD – Books on Demand, Norderstedt

ISBN: 9783751955614

Inhalt

Multimedia 9

Nachthimmel 10

Heureka 11

Süden 12

Der ewige Kampf 13

Novemberstimmung 14

Romantika 15

Ohne..16

Danke...17

0-8-15 18

Vergängnis 19

Physik 20

Rechner 21

Gedichtliebe 22

Mus...23

Evolution 24

Para 25

Vom Einbaum zur...26

Uni 27

Morgens 6 Uhr 30 28

Eine Erklärung..29

Gedichtliebe 2 30

Suche 31

Am Altar 33

Ausrichtung 34

Das Streifenhörnchen 35

Die kleine Flamme 36

Egoismus 37

Ende 38

Grenzen 39

Hast 40

Kluch 41

Lebensraum 42

Leidensakt 43

Motte 44

Polytick 45

Rat 46

Romantik 47

Schmierereien 48

Tabus 49

Teleologie 50

Universität 51

Zeit 52

Abschied 53

Das suchende Ich 54

Ziel? 55

Seelen-See 57

Ein Kristall 59

Reiz-Reaktion 60

Frühlingsge... 61

Für einen Freund.................................62

Geburtstag..63

Haben 64

Zweisamkeit 65

Zivilisation 66

Jugendtrauer 67

Moderne Zeiten.................................68

Leben eben 69

Liebeserklärung 70

Modernes Leben................................71

Selbstdichotom..................................72

Innerer Abgrund 73

tödliche Natur 74

Vier 75

Intraglück 76

Depression 77

Glücksmoment 78

Kreise 79

Multimedia

menschliche Stille
flimmerndes Licht
allabendlich, nach jeder Schicht

keine Probleme
heiteres Leben
alles Blaspheme

Nachthimmel

tiefe unendliche Schwärze
unterbrochen von winzigem Weiß
Rast, Stille, Ruhe

verschwimmend zur Gänze
Gedanken auf natürlichem Gleis
erfolgreiche Suche

Heureka

Geboren als Wurm
abhängig von Liebe
verletzend jeder Sturm
lernt Unterdrückung der Triebe

eigene Entwicklung
nur bei günst´ger Schickung
Erwachen, Staunen
im rechten Lichte saunen

Süden

zirpende Grillen
goldene Wärme
himmelblau Blüten
kein Laut, Gelärme
himmlischer Süden

Lesen und liegen
vom Winde getrieben
Gedanken versiegen

Der ewige Kampf

Streben nach Sicherheit
Luxus, Ruhe, Stille
bringt letztlich keine Zufriedenheit

Kampf gegen das Selbst
Wege, die nicht die eigenen
alles kurze Grillen

der eine Weg nur versöhnt
alles andere Beleidigung
der höhere Geist verhöhnt

zurück von allen
die Leben in gruft´gen Hallen
Tun, Handeln, Denken in harmonischer
                              Einigung
Elysium

Novemberstimmung

kahle Gerippe ragen
in graue Wattebäusche
schwarze Mäntel
huschen über platten Boden
rauschende Lichter
sausen vorbei
weiße Fäden fallen aus der Höhe

Romantika

regnendes Gold
erhebt die Laune
Blicke tänzeln umher
verschmelzen mit dem Braune

Streichelnder Atem
lullt in´s ewige Bett
kann nur erraten
wie herrlich und nett

Zwei - Eines erlebend
ziellos strebend
nur willenloses sehen
erhält den edlen Segen

Ohne

durchdringendes Weiß
Schwärze zieht in jede Ritze
Papier am Kreuz
roter Schimmer in unendlicher Weite
Mäntel ohne Kapuzen

Danke

Tröstende Worte, ermunternde Gesten
ungezwungen zur rechten Zeit
durchbrechen die Festen
zum trüben vergramten Herzen

versprühen neue Kraft
Freude, Hoffnung, Süße
neues Leben durch Dich geschafft
Worte als himmlische Grüße

0-8-15

Hallo Ihr lieben
hab´ lang nicht geschrieben
tu´s von hier
neben mir´s Bier
Himmel voll Sonne
Schwelge in Wonne
Gutes Essen
nicht zu vergessen
war da und dort
bis bald im Hort

Vergängnis

schwarze Schleier
harte Schläge aus der Ferne
Luft kalt durchtränkt von der Nacht
leises Brummen
ein gellender Schrei
irgendwo fließt warmes rot
Ruhe
Stunden vergehen
Die Röte erstarrt

Physik

Neutronen auf Kerne
Mechanik gibt Wärme
Regeln, Gesetze eines nur richtig
Freiheit und Leben noch wichtig?

Rechner

Spielen am Rechner
künstliche Probleme
Vertiefen
blitzende Sonne

Erwachen zu spät
Tag vertan
Ärger mit Freunden
Augen lädiert

Einkastelung
Schwärze
leere Gedanken
Fluch der Technik

Gedichtliebe

glänzendes Gold schwebt durch die Luft
lieblich schauende Augen
schillernde, sehnsüchtige Tränen

Die Luft trägt Ihren himmlischen Duft
nur an Ihren Lippen saugen
verzehrenden süßen Nektar

brünstiges Verlangen nach Ihr
Göttin erbarme Dich zu mir
nur bei Dir kann ich mich glücklich
                                    wähnen

Leise trippelnd kommt Sie!
mein Herz hüpft wie nie
mein ist sie nun immerdar

Mus

Materialismus, Idealismus
Naturalismus, Spiritualismus
Rationalismus, Germanismus
Bolschewismus, Kapitalismus
Amnesie
Idiosynkrasie
Ataraxie
viele Begriffe
benutzt als Schiffe
in der unendlichen Trübe
neue alte Züge
Gerede zur Genüge

Evolution

graue Schlieren
gerötete Zeit
alles umwirbelt

auf zwei statt vieren
Sittsamkeit
Räume vergiebelt

blaues Feuer
Donner Getöse
viele Ungeheuer
Wer tritt gegen das Böse?

Rund um Rund
die gleichen Phasen
Natur ist wund
unendliches asen

Para

Schrecken und Angst vor blauen Palmen
Monster, Dämonen auf allen Halmen
Halleluja, erleuchtet der Geist.

Sitzend oder schlafend in dem Gehäuse
unnütz und schädlich wie Läuse
welch ein Verhalten so dreist

Zusammengekauert, wirre Gesten
weggeschickt oder in Festen
Geistige Pest?

Arme Wesen - unschuldig
versteckt vor Massen - unheimlich
Sollen nicht stören das Fest

Zukunft humaner
handeln mit Vernunft
interessenlose Zunft!

Vom Einbaum zur...

Höhle, Haus
Bäumen zum Graus
Äcker und Felder
ade ihr Wälder
Pferd und Rad
macht Erde platt
Straßen, Wege
hinfort Gehege
Fabriken, Maschinen
Dosen - Sardinen
Abbau in Salinen
Fliegen und Tauchen
elementares verbrauchen
goldene Zukunft
nur mit Vernunft

Uni

große Säle
düstre Tunnel
häuf´ges Gegähne
selten Getummel

Gruß ohne Herz
kopflose Helle
viele leere Seiten
alles durcharbeiten

eigenes selten
da sie es nie vergelten
altes verworfen
neues gepriesen

Wozu?
schlierige Gründe
futuristische Sünde
Und Du?

Morgens 6 Uhr 30

morgens 6.30 Uhr
Wecker klingelt
Duschen, waschen, föhnen
Frühstück
6.55 Uhr küsse meine Frau
7.00 Uhr fahre zur Arbeit
7.30 Ankunft
arbeite, arbeite, arbeite
16.00 Uhr Feierabend
16.30 Uhr komme nach Hause
küsse meine Frau
lese, lese, lese
19.00 Uhr Abendessen
sehe fern
22.00 Uhr Zähne putzen
schlafe, schlafe, schlafe
schlafe?

Eine Erklärung

Verlust der engsten Bande
haltlos fallend
trübe Gedanken, am Rande
stumm hallend

Goldenes Licht
durchströmt mich hoffnungsvoll
ohne Dich siegt die Gicht
Du Geschöpf - edel und liebevoll

Oh nein! kein Zwei eines
doch betrübe ich Dich nicht
Gemüt als Hin- und Her-Geworfenes
Leben in Schicht

Zeit vergeht, heilt gewöhnend
durch mehr als das eine versöhnend
treffen in anderen Sphären
lässt uns besseres gebähren

Gedichtliebe 2

Denkend und fühlend durch´s Leben
                        wandelnd
und nicht wie andere ihr Leben
                    verschandelnd
schwebt Sie über der Erde
und ist so entfernt
von der Herde
die ihr Leben verlernt
Sie ist weder groß noch klein
doch kann auch der Durchschnitt
                    begehrlich sein
Ihr tänzelndes Lächeln. Ihr glänzendes
                            Haar
zeigen mir auf ganz klar:
Nur für Sie es zu leben sich lohnt
alle anderen bleiben von mir verschont
Denn Sie soll mein goldener Hain
und ich Ihr Sonnenschein sein.

Suche

Umherirrende Seele
nach einem Hafen suchend
durchstreift viele Säle
manchmal das Leben verfluchend

romantische Lösung
verspricht besseres Leben
entfacht ewiges Streben
trügerische Versuchung

Auge sieht eines
Seele des anderen egal
Motiv - ein gemeines
Gerede ist schal

Mit dem anderen vereint
wenn alles ehrlich gemeint
gleich zu gleich
Sprache edel und weich

Freiheit von Bedarf und Sucht

Austritt aus der düstren Schlucht

Am Altar

Ich will Dich ehren.
Ich will Dir beistehen.
Ich werde Dich lieben.
Aber ich werde nicht
ewig bei Dir sein.

Ausrichtung

Denkend, sehend
entdeckt manch Mensch
sein nahes End.

Die Einen lieben
leben das Leben
und erzeugen es neu.

Andere sehen das Leid
Haß, Streit und Neid
und wollen's beenden.

Beide vereint
die Ehrfurcht
vor dem Sein.

Das Streifenhörnchen

Das Streifenhörnchen springt im Raum
von Knast zu Knast.
Auf dem Platz geht es täglich
ohne Rast.

Diesen Stuss
lebt ohn' Gewissen
das Streifenhörnchen ganz verbissen.
Es liebt den Stuss
verschlabbert's Leben ohn' Verdruss.

Die Tragödie
sieht man sich hoffend an
komm' doch Vernunft, aber wann?
Der Stuss, wie immer frisch
ekeliges fades Triebgemisch.

Die kleine Flamme

Von außen entzündet
zierlich und schwach
verleiht sie
Licht und Wärme.

Konkurrenz zum großen
Licht
gewinnt dunkle Ecken
in ruhigem Schwarz.

Verlöscht
nach kurzer Zeit
leise und still.

Egoismus

Einsam kämpfend
durch die Welt
opfern anderer
sammeln von Geld.

Viel und häufig
begangener Weg
führt zu Luxus
wackeliger Lebenssteg.

Gemeinschaft rächt sich
Bedrohung des Seins
Zerstörung von allem
Ego is' mus.

Ende

Freude und Leid
vergessend
bewusst im Sein
lechzt die Seele
mit der leeren
Vernunft
nach der Lösung
             dem Ende.

Grenzen

Leben entsteht
Kindheit in der Familie
Jugend in Schule
Freunde
alle bilden einen Kreis
haben ein Bild
die Welt beengt.

Der Geist
geschult in vielen Jahren
erhält typische Prägung
Münzen für ein Land
einseitige Währung.

Körper begrenzt
viele Filter
machen fast blind.

Rütteln an den Grenzen
durch die Vernunft.

Hast

Den Kopf zu Boden gerichtet
-   empirisch bewiesen –
läuft der Mensch umher.

Hastig
durch die reizende
Umgebung.

Kein ruhiger Blick
entspannend nach oben.

Kluch

Denker, Dichter
alles gelesen
Bekanntes, Komplexes
Egal.

Unterhaltung unmöglich
verfremdete Gedanken
wirr und holprig
Fluch der Vielwisserei.

Lebensraum

keimend
der Erde entsprossen
empfangen des natürlichen Lichts.

schnelles, sicheres Wachstum
zum Himmel
empor.

doch bald schon
der erste Eingriff
Schnitte lenken das Wachsen.

Nach anderer Meinung
schön
innen versperrte Wege
verkrüppelt.

Leidensakt

gut und böse
Nord und Süd
ewige Paare.

Glück und Leid
Liebe und Hass
zwei Seiten des Einen.

Enthaltsamkeit
ruhiges Gemüt
schafft leidlose
mitleidvolle Betrachtung

Motte

Die Motte
setzt sich ein helles Ziel
strebt, lebt ihm zu.

Prallt häufig ab
Rückschläge und Niederlagen
erschweren den Flug.

Der Durchbruch vernichtet
im kurzen, strahlenden Moment
verpufft alles.

Polytick

Kuh, Milch und Brot
Hütte und Familie
Intrigen, Kriege.

Getreide, Vieh und Brot
Hütte und Sippe
Intrigen, Kämpfe.

Kuchen, Steaks und Cocktails
Haus und Kleinfamilie
Intrigen, Sport, Kämpfe.

Rat

Rat
Ratio
Ration
Rational
Rationalisierung.

Romantik

Fern des Trubels
hör' ich zarte Melodien
ruhig und leise.

Die Musik lenkt die Gedanken
entspannt zum Himmel
lieblich und still.

Bald entsteht Dein Gesicht
vor meinem Auge
und ich überlasse mich
meinen Gefühlen zu Dir.

Schmierereien

Bäume sterben
für verdrecktes Papier
Zeilen gefüllt
von allgemeiner Leere.
Lieblich labberige Lieder
perverse Verse
gieriger Geifer
nach materiellem Ruhm.

Tabus

Sexualität	Vernunft
Religiosität	Geld
Idealismus	Materialismus
Liebe	Tod
Leben	Tod.

Teleologie

Telefon
Television
Telekommunikation
Telekognition.

Universität

Uniformität
monoton
Blödungsstätte
Komm' Millionen
In Matrix Bescheinigung
Bildung
Aus!

Zeit

kriechende Zeiger
kreisend
Rund um Rund.

Immer gleich
bei Arbeit
Musik, Freizeit.

Panik, Hetze
Warum?
Die Zeit ist
für jeden
geht und kommt.

Abschied

langer Blick
Gewohntes beschauend
sanfte innere Trauer

Gedanken erwachen
Altes gegenwärtig
einzelne Szenen

wehmütige Sehnsucht
verbunden mit dem Ort
weiter rieselt der Sand

Adieu.

Das suchende Ich

suchenDe ich
suchEnde Ich

Ziel?

Dem Zeitlichen ergeben
nützend, effektiv handelnd
dem Staate ein Wohl
und auch der Gesellschaft.

Tatsächlich? Zweifel, Kritik
ist unser Handeln zukünftig
zum Wohl der Natur
und allen Lebens?

Zirkulär mit dem Geld
subjektiv – materielle Welt
schadende Hilfe
erhält das Leiden.

Was tun?

Askese?
Selbstmord?
Rebellion?
Eingewöhnen?

Nein!

Das Ideal erhalten

Wie schwer es auch sei

Abwendung von allem Schein.

Seelen-See

Ein außergewöhnliches Erlebnis
tragende Wellen
in großer Gemeinschaft.

Das dionysische verbreitet
Triebe regen sich
gedämpftes treiben lassen.

Apollo zu mächtig
verhindert vieles
Erlebnis vorbei.

Kritik des Innern
schwarze Melancholie
das eine genossen.

Fehler, Urteil
Diese Seite verflossen
Verhalten, Idiotie.

Krankheit des Selbst

nicht von außen zu heilen
Den Gral muss ich finden.

Ein Kristall

Wertvoll, edel, zerbrechlich
rechter Betrachter entflammt
sein Herz gebannt.

Der Kristall
zerlegt das Licht
verzerrt die Sicht
verändert die Welt.

Reiz-Reaktion

fliehende Farben
Augen ermüden
Gedanken versagen

dumpfes Gerede
leere Musik
interne Gebete

Reize - gegenüber
lechzende Phantasie
absolute Idiotie

bewegt - unbewegt
Schweigen der vielen
einsam verblieben

Frühlingsge...

Verflügeltes Herz
kraftströmend
im Inneren erwärmt.

Von außen und innen
eine Erneuerung
neue Ziele, Gedanken.

Vernunft und Trauer
entweichen der Seele
Glückblinder?
Trauerseher?

Für einen Freund

Zahliges Denken
höchste Logik
Regeln erfasst.

Freundlich, leise
kraftvoll, helfend
Energien.

Subtil und abstrakt
kein Widerspruch
nicht zwangslogisch.

Geburtstag

Feier des Seins
die Entstehung von Dir
Tag der Dreieinigkeit
Geist und Materie
in Harmonie.

Haben

Auto, Haus
Geld, Besitz
Familie, Freunde
Liebhaber, Geliebte
Einen Vogel?

Sein

Schnell, langsam
Intelligent, ehrlich
Nett, sympathisch
Freund, Freundin
Mensch!

Zweisamkeit

Hand in Hand zwei Menschen wandeln
langsamen Schritts, die Zeit genießend
schlendern entlang des Ufers
ruhig, still ohne zu handeln.

Streichelnder Odem umwindet die
                              beiden
Vergessen alles Böse, kein Leiden.
Die Augen schweifen über die Erde
Fluss, Bäume und Pflanzen.

Das ewige Grün lädt zum Bleiben
die Halme machen freudig Platz
Die Blätter rauschen lieblich
fröhlich trillert ein Spatz.

Vier Augen sehen das Eine
verschmelzen
Eines sind Luft, Erde, Himmel und Sonne
Schwelgen in Wonne!

Zivilisation

Joghurt in Erdöl
Totes auf Schaumstoff
Leben im Eckigen.

Beißendes Verglühen
störender Fluss
träge Schnelligkeit.

Blüten des Lebens
Auf Feldern des Todes
Quadratur des Kreises?

Jugendtrauer

Menschen verbillarden
Ihr Leben nur aus der Ferne
Priosekundaritäten.

Rastlose Bewegung
Wesensaufgabe
verduzte Psyche.

Nabel der Welt
Nebel der Zukunft
Gipfel der Unvernunft.

Moderne Zeiten

Kennst Du das Land, wo die Idioten
                              Blühn?
Schau Dich um, Du wirst es sehen.
Satzkrüppel und Worte
Ideen hirnlos, lahmen.

Bildersturm, Götzentechnik
Reizschnelle überschwellend
geben und nehmen
im Hamsterrad rasend.

Allgemeingütiges werken
Intel neckt Duell
Jeder gegen jeden
Extraduell, der Individunullen.

Leben eben

Leben entsteht
Eltern geben
Lehren sprechen, gehen
erstes erleben Fremder
reden
lernen – entfernt der Eltern
Ernst entsteht
Zweck: Erwerbsleben
entendet
Ehe
Leben vergebend
Rente
Leben beendet.

Liebeserklärung

Zuneigung zu Dir
Freude bei Dir
Du Charakterhain.

Dantesches Leben verleihend
kristallene Sicht
Veränderung der Welt.

All dies durch Dich
untilgbare Schuld
genießender Sünder bin ich.

Modernes Leben

berufliches Selbstbewußtsein
gesellschaftliche Gleichberechtigung
soziale Marktwirtschaft
berufliche Emanzipation
Entwicklungshilfe
bewußter Luxusgenuß
repräsentative Demokratie
Friedenstruppen
empirische Objektivität

Selbstdichotom

Schizophren?
Vielleicht für manche
Masken, Gesichter
eine Person.

Seltener Gang
zwiefache individuelle Art
viele Vorteile
gute Anpassung?

Großer Nachteil
nur schwer erhaltbar
Konflikte, Spannung
Entscheidung?!

Innerer Abgrund

Scheitern des Weges
Schmerz und Verbitterung
Zeit verheilt

Neuer Weg
in alter Bahn
Inneres empört sich
nur neuer Wahn

Ideen, Pläne verachtet
Dämon zeigt einen Weg
fordert Konsequenz

Seele contra Person
Bindungen hinterfragt
Freude verscheucht
absolute Rechenschaft verlangt

Leben zerfließt
schwarzes Loch der Seele
zersaugt alles.

tödliche Natur

Schwarzer Himmel
leises Surren
Blick in die Ferne

Ruhiges Atmen gedankliche Stille
entgleitet der Wille.

Augen offen
sehen nichts
das Leben
eben entwich´s.

Vier

Ruhiges Blau
sanft sich schmiegend
an jedes Wesen
Zeichen des Lebens.

Nichts – sich bewegend
Verwöhnend
alles vereint
Bewegung

Flackernd, rot
gefährlich, heilsam
brechende Kraft
lebendiger Antrieb.

Träge Masse
geheimnisvoll gebend
großes Eins
Ort des ersehnten Endes.

Intraglück

Voll des Elans
im Käfig sitzend
die Energien verschenkend
aus dem inneren Quell.

Die Gitter erspäht
Schutz und Gefängnis
die Seele sprudelt
der Raum wird Bedrängnis

Flucht in die Freiheit
schutz - und haltlos
tiefe, zermarternde Einsamkeit

Quellen des Glücks
von dem Selbst entdeckt
Finden des wahren Geschicks.

Depression

Wachsendes Grau
fehlende Wärme
vegetieren flau
nirgendwo Sterne

Frieren unter Mänteln
Kapuzen zum Schutz
trauriges wandeln
durch den Schmutz

Köpfe geneigt
Himmel verschmäht
man erntet
was man sät

Würmer im Blick
sich windend im Dreck
fressen denselben
zu welchem Zweck?

Glücksmoment

Zielstrebig voran
den Weg eingeschlagen
einfaches wahrnehmen

Aufnehmen der Umwelt
über manches schmunzelnd
Einstellung verdunkelnd

Doch da! Eine Person
tritt aus dem Grau hervor
ein ästhetisches Wesen
erfreut der Blick

Freude ein Mensch zu sein
bewunderndes Schauen
Trennung des Blickes
keine Trauer bleibt zurück.

Kreise

Zwei Planeten
sich gegenseitig umkreisend
halten sich im All.

Ziehen sich an
festigen die Bahn
keiner dem anderen Untertan.

Stoßen sich auch ab
um nicht zusammen zu treffen
heilvolles Gleichgewicht
im kleinen und großen.